AF331976

RÉCIT EXACT

De la conduite tenue à l'égard des Membres de la Convention nationale, délégués dans le Département de la Gironde, par les Membres des Autorités conſtituées, ſe diſant réunis en commiſſion populaire de ſalut public à Bordeaux.

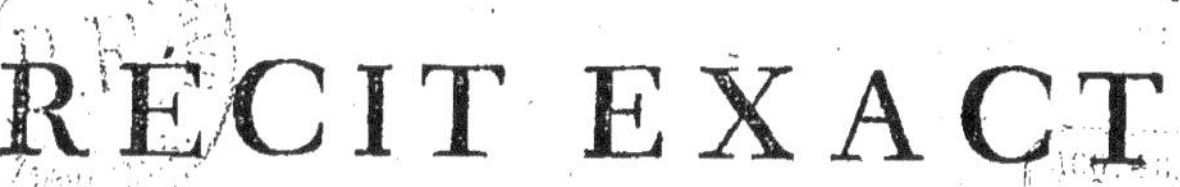

DANS une miſſion importante, & lorſqu'il s'agit de ſaiſir le caractère & l'eſprit des perſonnes qui ont traité & avec qui on a traité, il n'eſt pas de détails minutieux.

Partis de Paris le jeudi 20 juin, nous ſommes arrivés à Bordeaux le 24.

Au moment où nous ſommes ſortis de la barque, on eſt venu nous demander des paſſeports, on nous a conduit à un corps-de-garde où nous avons montré l'expédition du décret qui contenoit notre miſſion.

On nous a donné des gardes pour nous conduire : ſur le refus que nous faiſions de les accepter, on nous a dit qu'on exécutoit les ordres reçus : cependant les deux volontaires qui nous ont accompagné étoient ſans fuſils.

Nous déſirions loger dans un hôtel qu'on appeloit jadis de Richelieu; la maîtreſſe n'a pu nous recevoir, parce que tous ſes logemens, diſoit-elle, étoient déjà occupés.

A

Un des volontaires qui nous conduifoient, nous a indiqué l'hôtel des Afturies, rue du chapelet; nous y fommes venus & nous avons pris un appartement au fecond fur le derrière.

A peine étions-nous arrivés, qu'un officier de volontaires eft venu nous annoncer qu'il avoit ordre de placer une garde à notre porte pour *notre sûreté*; & en effet il a placé deux fentinelles à la porte de la chambre où nous étions. Treilhard lui dit que nous n'avions pas befoin de garde pour *notre sûreté*, que nous étions parfaitement tranquilles à Bordeaux, où nous favions bien que nous ne courions aucun rifque : que nous n'avions jamais accepté dans nos différentes commiffions de gardes d'honneur; que nous ne croyions pas devoir en accepter à Bordeaux : que fi cependant on vouloit honorer le caractère des repréfentans du peuple, il fuffifoit de placer une ou deux fentinelles à la porte de la rue.

L'officier répondit qu'il n'étoit pas le maître de ne pas obéir aux ordres qu'il avoit reçus, & qu'il alloit faire fon rapport.

Peu de temps après, un officier revint & annonça que pour notre sûreté perfonnelle on laifferoit une garde; mais il releva les fentinelles qui étoient à la porte de la chambre.

Nous penfions qu'on s'étoit contenté de laiffer une fentinelle à la porte de la rue, nous apprîmes cependant bientôt qu'il y avoit dans la cour une garde nombreufe.

Notre première démarche devoit être de nous inftruire de la fituation des efprits & des chofes dans la ville; nous crûmes ne pouvoir mieux faire que de nous adreffer à cet effet au Procureur-Général-Syndic du Département. Nous l'invitâmes à fe rendre auprès de nous par un billet que nous lui écrivîmes.

Il nous répondit qu'il avoit communiqué ce billet à la commiffion populaire de falut public, établie à Bordeaux, qui lui avoit défendu

3

de venir, parce que nous prenions la qualité de délégués dans le département de la Gironde, qualité qu'elle ne reconnoissoit pas.·

Nous délibérions fur ce qu'il convenoit de faire dans cette circonstance, lorfque plufieurs citoyens fe préfentèrent dans l'appartement comme députés par la commiffion de falut public, pour nous engager à nous rendre dans fon fein : ils nous dirent que cette commiffion étoit compofée des autorités conftituées du département.

Nous nous excusâmes de nous y rendre dans le moment, fous prétexte de la fatigue du voyage & de l'heure avancée; il étoit près de minuit : au fond nous voulions ne faire cette démarche auprès de perfonnes qui méconnoiffoient notre qualité, qu'après nous être convaincus, par nos réflexions, qu'elle ne compromettoit ni notre caractère, ni le fuccès de notre miffion.

Le lendemain mardi 25, nous nous occupâmes de cet objet: nous vîmes d'abord que toutes les autorités conftituées étant réunies, comme on nous l'affuroit, dans le comité de falut public, nous ne fortions pas des termes de notre miffion en nous y rendant, puifqu'elle nous chargeoit de nous concerter avec les autorités conftituées : nous pensâmes enfuite que des confidérations de forme, de petits reffentimens ne devoient pas nous faire abftenir d'une démarche qui pouvoit produire des bons effets; car nous étions dans l'opinion qu'on vouloit effectivement à Bordeaux la deftruction des ennemis extérieurs & des rebelles de la Vendée : nous arrêtâmes en conféquence que nous nous rendrions le foir dans le lieu de réunion des autorités conftituées.

Treilhard voulut ce matin même aller voir un compatriote, un ancien ami, qu'il avoit reconnu la veille parmi les citoyens députés par le comité de falut public ou la commiffion populaire. Il defcend, traverfe la cour, y voit un grand nombre de gardes : il fort fans que perfo ne fe mette en devoir de l'accompagner, & fans qu'il imagine que perfonne puiffe avoir ce deffein. Au bout de la rue, il entre dans une autre; il y avoit déjà fait quelques pas, lorfqu'un citoyen en uniforme s'avance & lui dit qu'il n'auroit pas dû fortir.... Pourquoi, dit Treilhard? Je fuis libre, & je fortirai, perfonne ne m'en empêchera. Un fufilier fe place alors devant lui, & lui dit vous n'avancerez pas. Treilhard répond, je fuis de ces gens qu'on tue, mais qu'on n'arrête pas; & en effet il avance. Les fentinelles lui difent, nous vous accompagnerons : je ne peux pas vous en empêcher, répond-il. On l'accompagne chez fon ami.

Là, après avoir un inftant réfléchi fur l'inconvenance & les fuites de ce procédé, Treilhard pria la perfonne chez qui il étoit, d'écrire un mot au maire, pour lui dire que cette configne donnée pour la fûreté des repréfentans, qui ne devoient avoir aucune efpèce d'inquiétude dans une ville fort paifible, feroit mal interprétée, qu'il falloit la lever fur le champ, & pour l'inviter à venir en conférer chez la perfonne même chez qui étoit Treilhard.

Le maire répondit qu'il n'avoit pas donné les ordres, que s'ils exiftoient, ils venoient du comité de falut public, & qu'il falloit s'adreffer au préfident.

La perfonne chez qui étoit Treilhard écrivit, fur fa demande, au préfident du comité, pour lui faire les mêmes réflexions qu'au maire. Le préfident répondit que les ordres étant le réfultat d'une délibération du comité de falut public, c'étoit à cette commiffion qu'il falloit s'adreffer : du refte, il s'excufa de venir fous prétexte de fes affaires.

La configne refta, & Treilhard retourna à l'hôtel avec fes gardes.

Nous avons écrit à ce fujet une première lettre au comité de falut public de la Convention nationale : avec cette lettre le domeftique étoit chargé d'en remettre quelques autres à la pofte, & une chez un particulier de la ville. Il fut obligé, en sortant, de les montrer à des sentinelles qui en prirent les adresses. Ce même jour Mathieu ayant voulu sortir, fit quelques pas dans la rue sans être accompagné ; un instant après un volontaire le joignit & lui demanda qui il étoit ; il répondit qu'il étoit commissaire de la Convention. Le volontaire observa qu'il ne pouvoit sortir qu'accompagné. Mathieu instruit de ce qui s'étoit passé vis-à-vis de son collègue, répliqua : c'est une chose que je ne peux ni demander ni empêcher.

Le soir nous nous sommes rendus au département où s'assemblent les autorités constituées : une garde assez nombreuse nous avoit précédé. Nous avons été à pied (nous l'avions préféré) avec deux officiers qui étoient auprès de nous.

Les rues étoient bordées de monde, que l'appareil même ordonné pour notre marche auroit seul attiré. Plusieurs citoyens nous suivoient de fort près ; nous avons entendu quelques mots lâchés avec intention de nous mortifier. L'un des officiers se retourna dans une occasion, & imposa silence : tout le monde se tut.

La salle d'assemblée étoit pleine, & il y avoit encore des citoyens dans les salles voisines & dans le jardin.

L'on nous a placés autour du bureau, à côté du président.

Nous avions été prévenus qu'on nous avoit annoncé comme des désorganisateurs. On avoit fait courir le bruit, le jour de notre arrivée ; on avoit même dit à la garde rassemblée ce même jour au champ de mars, que Marat étoit maire de Paris, & on avoit ajouté que nous étions les porteurs de cette nouvelle. L'un des députés du comité de salut public venu le soir, nous avoit dit aussi que dans un journal on avoit annoncé que les sans-culottes de Bordeaux alloient se lever, & mettre à la raison les riches & les aristocrates ; & il ne put s'empêcher d'ajouter qu'on ne devoit pas être furpris d'après cela de l'inquiétude que pouvoit infpirer l'arrivée de deux commiffaires qu'on difoit Maratiftes.

Il étoit évident qu'on avoit cherché à prévenir les efprits contre nous ; en conféquence celui de nous qui parla le premier, crut devoir commencer par l'expofition de nos principes, & annonça que nous étions prêts à mourir pour la république une & indivifible, la liberté, l'égalité, le maintien des propriétés & la fûreté des perfonnes. Il expofa enfuite l'état de la république ; il la montra attaquée fur les frontières par les cohortes de prefque tous les tyrans de l'Europe, & preflée, dans quelques départemens de l'intérieur, par des rebelles royaliftes & fanatiques, qui ne refpiroient que la ruine de la liberté & la mort de fes défenfeurs. Il fit voir que la patrie n'avoit jamais eu de plus preffans befoins, qu'elle attendoit des fecours fur-tout des départemens riches en population, en moyens & en reflources : de ce nombre eft fans doute celui de la Gironde dont les nombreux bataillons fe font diftingués jufqu'à ce jour par leur bravoure, & fingulièrement par leur difcipline.

Après avoir fait fentir la néceffité de nous réunir tous pour notre défenfe commune, celui de nous qui avoit la parole, crut devoir annoncer la préfentation de la Conftitution à la fanction du peuple comme très-prochaine : ce fera là le terme de nos agitations & de nos inquiétudes ; il nous faut un gouvernement qui mette fin à l'anarchie & à tous les maux qu'elle traîne à fa fuite. La Conftitution formera un point de ralliement autour duquel fe rangeront tous les départemens, & tous les français que le fanatifme n'a pas aveuglés, & que le defpotifme n'a pas encore pervertis ; mais cette Conftitution, nous ne pouvons la mériter, l'obtenir, la conferver, que par les efforts les plus prompts & les plus grands contre nos ennemis de l'extérieur & ceux de la Vendée ; & nous avons en

qu'on avoit pris toutes fortes de mefures pour les empêcher de le connoître; qu'au furplus, comme ils pourroient ne pas préfenter tout ce qu'avoit dit le préfident avec la force que celui-ci défireroit, il devoit en faire lui-même le précis que nous joindrions à notre dépêche. Enfin Treilhard fe plaignit de la configne. Il demanda qu'on donnât à la pofte des ordres de nous fournir des chevaux. Le préfident lui dit qu'il en avoit parlé la veille à la commiffion, qui avoit ajourné cet objet à la féance du foir de ce même jour; c'étoit le mercredi. Treilhard infifta pour une décifion quelconque.

Rentré chez lui, il rendit compte à fon collègue Mathieu du fuccès de fa vifite. Ils écrivirent au comité de falut public de la convention, quel avoit été en général le réfultat de leur démarche de la veille dans le fein de la commiffion, & ils promirent de plus amples détails pour le lendemain.

Leur lettre fut remife à leur domeftique pour être portée à la pofte avec une autre lettre : celui-ci ne tenoit pas en fortant ces lettres à la main, comme la veille; il les avoit mifes dans fa poche. Il fortit ne fe croyant pas fuivi : mais au moment où il jetoit les lettres dans la boëte, il fentit fa main arrêtée. Un garde qui avoit marché fur fes pas, lui demanda pourquoi il n'avoit pas montré ces lettres ? Le domeftique répondit que perfonne ne le lui avoit ordonné. Le garde prit une lettre de la main du domeftique, & en regarda l'adreffe ; l'autre lettre étoit déjà dans la boëte.

Il étoit bien démontré que ces précautions n'étoient pas prifes pour notre fûreté, & qu'on vouloit fe rendre maître de notre correfpondance, ainfi que de nos communications avec les citoyens de Bordeaux. C'eft par cette raifon que perfonne n'entroit à l'hôtel, fans que les gardes l'interpellaffent de dire où il alloit.

On conduifoit ceux qui demandoient les commiffaires, & s'ils n'étoient pas connus, on leur demandoit leur nom. Les précautions étoient si bien prises, que trois ou quatre personnes seulement sont parvenues jusqu'à nous pendant notre séjour à Bordeaux, soit qu'on ait empêché de monter ceux qui se présentoient, soit (ce qui est plus probable) que les préventions qu'on avoit élevées à dessein contre nous, & les formes rigoureuses de la communication eussent empêché de se présenter tous ceux qui avoient le désir de nous parler.

Dans l'après midi de ce même jour mercredi, le président de la commission se donna la peine de venir à l'hôtel où nous logions : nous l'invitâmes à faire prononcer sans plus de délai sur la consigne dont nous nous plaignions ; il nous dit qu'il s'en occuperoit le soir ; il nous fit espérer qu'il viendroit lui-même nous instruire du parti qu'on auroit pris, si en effet on en prenoit un ; car il ne nous dissimula pas qu'il pensoit qu'on pourroit ajourner encore au lendemain. Nous ne perdîmes pas l'occasion de lui faire sentir combien étoit désastreuse la résolution qu'on sembloit vouloir prendre de marcher sur Paris. Il nous répondit que le seul objet des citoyens de la Gironde étoit d'assurer la liberté de la convention. Nous lui répliquâmes que l'arrestation de notre personne prouveroit assez que tel n'étoit pas leur dessein. Il nous dit que le décret de la convention au sujet des commissaires envoyés par les départemens, étoit la cause des mesures qu'on avoit prises à notre égard ; mais ce décret n'étoit pas connu à Bordeaux, le lundi 24, jour de notre arrivée.

La journée se passa sans que nous vissions le président de la commission. Le lendemain jeudi 27, ne doutant pas que les demandes sur la consigne & les chevaux de poste ne fussent ajournées, nous écrivîmes au comité de salut public de la convention, une lettre dont nous joignons ici copie : le comité ne l'a pas reçue, par

les raifons que nous expliquerons dans un inftant : nous lui expo-
fions notre fituation, & nous lui faifions connoître, que dans tous
les cas, nous faurions bien trouver des moyens pour que les habitans
de Bordeaux n'euffent pas en ôtage deux membres de la convention. Notre lettre eft jointe ici fous le n°. 1.

Cette lettre étoit à la pofte lorfque le préfident de la commiffion
vint nous apprendre que la veille on avoit arrêté que nous étions
libres de partir. Nous lui demandâmes ce qu'on avoit décidé fur les
confignes qui attachoient des gardes à notre fuite : il nous apprit
que la féance de la veille avoit été fort longue, qu'on étoit forti
fort tard, ce qui l'avoit empêché de venir nous inftruire du réfultat,
ainfi qu'il nous l'avoit fait efpérer ; qu'on avoit décidé feulement
notre liberté de partir ; qu'on s'étoit ajourné à cejourd'hui jeudi
matin pour la rédaction de l'arrêté dont nous recevrions une expédition, & il ajouta qu'il alloit retourner à l'affemblée pour faire déci-
der la queftion de la configne.

Nous lui apprîmes que nous venions d'écrire au comité de falut
public pour l'inftruire de notre arreftation ; mais comme ce qu'il
venoit de nous dire paroiffoit apporter quelque changement dans
l'état des chofes, défirant ne tranfmettre au comité de falut public
que des détails vrais dans toutes leurs parties, nous prévinmes le
préfident, de notre propre mouvement, que nous allions faire
retirer notre lettre de la pofte, & que nous en écririons une autre
après que l'arrêté dont il nous parloit nous feroit connu. Nous
fîmes en effet retirer notre lettre ; nous en donnâmes lecture au
préfident qui étoit encore avec nous, & il fortit enfuite pour aller
à l'affemblée demander une explication fur les confignes, & hâter
l'expédition de l'arrêté qu'il nous avoit annoncé.

Dans le cours de l'après midi le préfident de la commiffion

revint lui-même nous porter cet arrêté, il nous dit en nous le remettant qu'il avoit fait entrer dans le préambule le réfumé de tout ce qu'il nous avoit dit dans l'affemblée, afin que la Convention fût parfaitement inftruite de leurs opinions & de leurs principes. Nous joignons ici copie de cet arrêté fous le n°. 2.

Il nous fit entendre que la commiffion populaire défiroit notre prompt départ du département : il ajouta qu'elle n'avoit pas cru devoir changer les confignes & nous donner la liberté de fortir fans des gardes. Il remarqua même qu'on avoit eu bien de la peine à confentir que les gardes ne nous accompagnaffent pas jufqu'à l'extrémité du département,& qu'on n'avoit eu cette condefcendance que dans la ferme perfuafion que nous n'y ferions aucun féjour.

Notre état au fond demeuroit donc le même à Bordeaux , & nous n'aurions pu y refter que privés de notre liberté comme auparavant : notre préfence y devenoit par conféquent très-inutile , & nous avions tout lieu de craindre qu'une prétendue commiffion fe difant inveftie de pouvoirs dont elle abufoit auffi fcandaleufement , n'ufât de voies encore plus rigoureufes pour repouffer hors du département des perfonnes dont la préfence étoit fi embarraffante pour elle.

Nous avons cru , dans cette pofition , qu'il convenoit de nous retirer , & nous avons fait demander des chevaux de pofte pour minuit. La garde eft reftée dans l'hôtel jufqu'au moment de notre départ , le commandant du pofte nous a accompagnés ; & à quelque diftance après nous , une patrouille que nous croyions formée des gardes qu'on nous avoit donnés , nous a fuivi jufqu'au port ; nous n'en avons été féparés qu'au moment où nous nous fommes embarqués pour paffer la rivière.

Nous devons à tous les citoyens qui ont compofé notre garde cette juftice, qu'ils n'ont jamais manqué d'égards pour notre perfonne, & qu'ils ont toujours cherché à prévenir nos défirs, fans jamais s'écarter des ordres févères qu'ils avoient reçus. Tous les foirs des membres de la nouvelle garde montoient dans notre appartement pour reconnoître nos perfonnes, dont ils répondoient, difoient-ils ; après cela ils ne nous témoignoient qu'empreflement pour nous conduire par-tout où nous défirions d'aller ; & dans le nombre il s'en eft trouvé dont nous aurions recherché de choix la fociété dans toute autre circonftance.

En quitant Bordeaux nous nous fommes rendus dans le département de la Dordogne, où nous avons rédigé ce récit.

Fait à Muflidan, ce 29 juin, l'an fecond de la république.

Signé TREILHARD, MATHIEU.

A PERIGUEUX,

Chez J. Dauriac, Imprimeur des Amis de la liberté & de l'égalité.